JN315868

生臭坊主の本願他力よもやま話

椋田知雄　著

法藏館

目次

生臭坊主の本願他力よもやま話

仏縁の中に生まれる

大嫌いだったお寺の子

私は、子どものとき、お寺の子であるということが、いやでいやでたまりませんでした。近所の人からいつも私は「そんなことはお寺の子らしくないからしたらいかん」と小言を言われ続けていたからです。

近所の子どもがメンコやビー玉で親しそうに遊んでいるのに、近所の人は、そんな遊びをしてはいけないと言いましたし、魚釣りなども絶対にさせてはくれませんでした。そんなわけで近所の子どもと遊べなくなって、よく、

「なんでお寺の子はしたらいかんのや。なんでみなと同じように遊んだらいかんのや」

と反抗していました。それに対してご門徒《もんと》の人は、

「お寺というところは、みんなが集まって、そして仏さんの教えを聞かせていただく場である。だからそこに住まいをするものは、やはりそれなりのちゃんとした生活をしなければいかん。あなたはまだ小さいから、なにもわからないけれども、そのうち大きくなったらわかってくる」

というようなことを言われていました。

しかし子どもでしたから、そんなことを言われるのがいやでいやでたまりませんでした。そのようにお寺の子であることが大嫌いでしたから、私は、高校を卒業するときには、意を決しまして、お寺とは違う世界に進もうと思うようになっていました。そして、お寺とは別の世界の大学を受験する準備をしていたのです。

私が入学を希望していた大学は、高校の推薦入学というのがありましたの

で、進路指導のときに私の担任の先生に、こういう大学に行きたいから推薦してくださいとお願いしたのです。すると先生は、

「きみならたぶん推薦すれば行けるだろうと思う。けれども、やはり御両親の理解と承諾が必要だ」

と言われたのです。それで私は、両親に私の希望を伝えたのですが、父親は、

「好きにしたらいいがな」

と言ったのですが、母親はまったく聞き入れてくれませんでした。私には、姉が一人いますが、ほかに男の兄弟はいません。ですから、私が寺の跡継《あとつ》ぎなのです。それで母から、

「このお寺を継ぐのはあんたしかないのや。なんでそんな大学へ行くのや」

と、泣くように言われてしまったのです。親がそこまで言うのだったらと、私はまだ子どもで、意思が弱かったものですから、

「では、やめておくわ」

ということになりました。

さあ、それではどこの大学へ行こうかということになったのですが、大谷《おおたに》大学がたまたまあした願書受付締め切りの日だということで、急遽大谷大学に入学願書を出すことにしました。そして満足な勉強もせずに、受験をしたのですが、なんとか入学できて、大谷大学に進むことになったのです。

しかし大谷大学へ行きながら、やはり迷いがなくなったわけではありません。このままずるずるとお寺の跡を継いでいっていいのかどうか、もやもやと考えながら、大谷大学に通っていたようなことでした。

親の姿を見て感じた仏縁

そのように迷いながら大学に行っていた私に、一つの転機が訪れました。

やはりこれが縁というものでしょう。それは私が大学の二回生のときだったのですが、私の父親が喉頭癌《こうとうがん》に冒《おか》されて、手術をしたのです。その結果声が出なくなってしまいました。声が出ないと、お経も上げられないし、お話もできないということで、住職としては致命的なことになってしまったのです。それで、一生懸命声を出せるように発声練習をしたのですが、ついに声が出るようにはならなかったのです。そしてとうとう筆跡の世界に入っていきました。そのときに私は、父親の状態を見て、やはりお寺を継いでいかなければならないのではないかなと思うようになったのです。

私は私なりに、自分の親の生きざまを小さいながらも見てきました。私は洋服を着た父親の姿を知りません。時代も時代だったかもしれませんが、父は朝から晩まで白衣と衣を着て生活していました。そしてもうほんとうに朝から晩までお参りをしていました。お寺のお勤めが終わると、ご門徒さんの

ところへ回って、そしてお昼はちょっと帰ってきますけれども、また午後から回る。一軒、一軒お勤めに回っていた姿を、私は印象深く憶えています。

それと同時に、私の父親は、布教をして歩いてもいました。いろいろなところへお説教をしに歩いていたことも憶えています。そういうふうな親の後ろ姿を思い出してみたときに、私もその跡を継ぐのかという思いが心の中に湧《わ》いてきたわけです。

そしてさらに、いろいろなご門徒《もんと》の

かたが、

「ご院《いん》さん、たとえ声が出ないでも、お参りに来てくれ。声が出ないでもいいから、お参りに来てくれ」

と、毎日のようにお寺においでになったのです。そのたびに、私は、

「お経を上げることが、お説教することが住職《じゅうしょく》の務《つと》めだと思っていたけれども、たとえ声が出なくてもいいから参ってください、来てくださいという。やはり人間というものは、仏法というものは、声とか形とかいうのではなくて、お互いの心なのだ。お互いのつながりなのだ。声が出なくても来てほしい。衣と袈裟をかけて行くこと自身が、なにかご門徒のみなさんに、ああよかったという安らぎ、癒《いや》しを与えることができるのだな」

そのように心に強く感じたのです。衣《ころも》と袈裟《けさ》を着けた身は、ご縁のあるかたがたに癒しと安らぎを与えることができる。そのように強く感じるようにな

って、はっきりと寺の跡を継いでいこうと言う気持ちになったのです。

真実の教えを拠りどころに

自転車欲しさの得度

『正信偈《しょうしんげ》』に、

依修多羅顕真実《えしゅたらけんしんじつ》　光闡横超大誓願《こうせんおうちょうだいせいがん》

（修多羅《しゅたら》に依《よ》って真実《しんじつ》を顕《あらわ》して、横超《おうちょう》の大誓願《だいせいがん》を光闡《こうせん》す）

という言葉があります。大まかな意味を言いますと、釈尊《しゃくそん》によって説かれたお経を依りどころとして、真実の教えを明らかにし、真実の教えとは、阿弥陀仏の本願他力《ほんがんたりき》の教えであることを明らかにされたということです。

最初のところに、「修多羅《しゅたら》に依《よ》って」とありますが、修多羅というのは経典のことなのです。お経のことをサンスクリットでスートラというのですが、それを漢字で表したのが「修多羅」です。

ところで、釈尊の時代のお経というのは、木の葉の表面に文字を書き、その木の葉を糸でつないだものでした。お坊さんは、それを肩に担《かつ》いで運んだのです。そのような釈尊時代のお経の名残りが、現在、七条袈裟《しちじょうげさ》を着けたときの飾《かざ》り紐《ひも》のようなものです。肩から背中に垂らすようにして着けているのが、「修多羅」といわれているもので、お経を担いでいる様を表しているのです。

その修多羅が象徴しているように、袈裟・衣を着ている僧侶《そうりょ》というのは、真実の教えを人びとに伝えることで心に安らぎをもたらすはたらきをするものなのです。このように、真実を伝えるという仕事をするからこそ、僧侶は尊い者と考えられるわけで、真実の教えを伝えるという本来の役目を担わないのであれば、それはただの人ということになり、袈裟や衣も、尊くもない変わった衣装ということになってしまいます。

私は、子どものとき、畳んで置いてあった袈裟と衣の上を、走ってきた勢いで、ポンと跨《また》いでいったことがありました。そのとき、それを見ていた父から、

「なんということをするのだ。もったいない」

と、すごい剣幕《けんまく》で叱《しか》られたことがありました。ヤンチャだった私は、

「なんで、あかんのや」

と言い返したのですが、父は、袈裟《けさ》・衣《ころも》の尊さをとおして真実の教えを伝えることの尊さを私に教えてくれようとしたのだと、あとになって気づきました。

しかし、子どもの私には、そんな深い意味など、とうていわかるわけがありません。私は、九歳のときに得度《とくど》をしたのですが、それだって実にいいか

げんなものでした。

親鸞聖人《しんらんしょうにん》は、九歳のときに京都の粟田口《あわたぐち》の青蓮院《しょうれんいん》で、慈円大僧正《じえんだいそうじょう》の手によって得度《とくど》をされ、それ以後比叡山《ひえいざん》に登って仏道修行に入られたといわれています。そのように、親鸞聖人が九歳で得度されたことにならって、真宗《しんしゅう》大谷派《おおたには》では、九歳になると得度が許されることになっています。

そういうことなので、私の両親も、私が九歳になったときに得度をするように私に言いました。しかし、私は得度ということがどのようなことなのかまるでわかりませんし、得度をするときには、頭をツルツルに剃らなければならないので、それがいやでずっと抵抗していたのです。するとあるとき父が、

「得度をしたら、自転車を買うたる」

と言ったのです。そのひと言で私の心は大きく揺れました。いろいろと考え

て、

「頭を剃っても、毛はまたすぐ生えてくる。自転車が買ってもらえるのなら得度をしよう」

ということで、私は自転車欲しさに得度をしたのです。

このように、子どものときは、袈裟・衣の尊さや、僧侶になることの尊さなど、何も知らず、何も考えもしないで過ごしてきたのです。

そんな私でしたが、大谷大学に入学して、すこしは僧侶になるということはどういうことかを考えるようになりました。そしてさらに、二回生のときに父が咽頭癌《こうとうがん》になり、手術をしたために声が出なくなって、お経を読むことも、お説教をすることもできなくなってしまったのです。そのことをきっかけにして、私も真剣に僧侶になることを考えるようになったわけです。

真実の教えの伝統

私は、このように長い時間をかけて、ようやくに仏法に出遇《であ》うことができました。実をいえば、寺に生まれたときから、もう仏縁に恵まれていたのでしょうが、それに気づくどころか、「寺の子どもに生まれて、いやなことばかりだ」と、それに反発し嫌っていたぐらいです。得度《とくど》をするときも、自転車欲しさに得度をしたわけで、やはり尊い仏縁の自覚などすこしもありませんでした。

しかし、やはり仏縁の中に私はいたのです。それに気がついたとき、私は、尊い袈裟・衣を身に着ける僧侶になるのならば、真実の教えとは何かを真剣に学ばなければならないと思い、お経を学ぶようになりました。そして得度してからもう六十年近くにもなりましたが、いまでは、この世に生を受けたときから、仏法の縁の中で生かされてきたのだなと、しみじみと感じています。

みなさんがたも仏法のご縁に遇わせていただく場に参加されているということは、既にご縁があったわけです。そしてここへの誘いを受けるためには、長い、長い過去のご縁があったと思います。自分たちの親や、あるいは先祖のご縁があって、私たちはこうしてこの場に参らせていただくことができたわけです。

私たちの宗教、浄土真宗《じょうどしんしゅう》というのは、八百年の歴史がありますが、仏教が釈尊《しゃくそん》によって説かれてからは、二千五百有余年、そして日本に仏教が伝来して千三百年の歴史があるわけです。そういう長い歴史の中で、私たちはいまこうしてこの場にいるわけです。

では、二千五百年昔の釈尊のお話、日本仏教伝来あるいは八百有余年前の浄土真宗の御開山親鸞聖人《ごかいさんしんらんしょうにん》の仰《おお》せ、これが変わっているのかといえば、まったく変わっていないのです。まったく変わっていない。これは、伝えられてきた教えが真実であるから、まことであるから、変わっていないのです。変わらないということが真実であることを証明しているのです。ですから、みなさんがご縁をいただいて、仏法を聞かせていただくということは、真実、まことの教えを聞かせていただいているのだという、そこに立ってもらわなければいけません。

八百有余年の歴史があって、なにも変わっていない。その当時の教えが脈々として今日なおこの時代に伝わり、この時代に生きてはたらいている教えなのだということを、知ってもらわなければなりません。

私たちが出遇っている浄土真宗という教えは、八百年も前に説かれた古くさい教えということではないのです。八百年の間、いやもっといえば二千五百年の間、真実を伝え続け、その真実の教えによって多くの人びとの心に安らぎを与え続けてきた教えなのです。真実だからこそ、時代が変わり、国が変わっても、すこしも変わらず伝え続けられてきた尊い教えなのです。

私たちは、ともすると現代人に合った教えを求めようとしますが、そんなものは、人間の心がその場の都合で考えただけのいいかげんなものでしかないのです。

仏教は、浄土真宗の教えは、そのようないいかげんなものではないのです。現代はとても変化が早くて、昨年のものがもう今年は古く感じられるような時代です。そんな変化の早い時代だからこそ、変わらない真実を拠りどころにしないと、流転の人生に流れていってしまいます。だからこそ、もう一度、八百年の変わらぬ歴史を持つ浄土真宗の教えを真剣に学んでいこうではありませんか。また、浄土真宗の教えに出遇うことのできた仏縁のありがたさを、しみじみと味わってみたいと思います。

傲慢の心を離れる

難行道と易行道

『歎異抄《たんにしょう》』第十二条に、

他力真実のむねをあかせるもろもろの聖教《しょうぎょう》は、本願を信じ、念仏をもうさば仏になる。そのほか、なにの学問かは往生《おうじょう》の要《よう》なるべきや。

と説かれています。ここでは、本願を信じ念仏を称えることが他力念仏の教えの真髄《しんずい》であって、そのほかの学問はなにも要らないといわれています。

このように、ただ信じて、ただ称えるだけの他力念仏の教えを、私たちに説いてくださったのが親鸞聖人《しんらんしょうにん》です。

他力念仏の教えは、易行道《いぎょうどう》であるといわれます。浄土真宗は難行道《なんぎょうどう》ではなくて、易行道です。ですから、滝に打たれなさいとか、山を登ったり、駆けたりしなさいとは言いません。断食をしなさいとか、難しいお経を勉強しなさいとも言われません。それらは、すべて難行道です。ご開山親鸞聖人は、そのような難行は、一日や二日ぐらいはできるけれども、一生をかけて、いや末代をかけてできるような行ではないと言われるのです。できる人は立派な人だ。けれども、できない人のほうが多い。大多数の人がそんな難しい行ができるはずがない。そういう難行のできない人間には、仏法の救いはないのか。難行をしなければ、勉強をしなければ仏法に救われることができないのか。仏法の教えを聞くことができないのか。仏法の縁に遇うことができないのか。こういうことを問い詰められ、悩まれたのがご開山親鸞聖人です。

親鸞聖人は、九歳から二十九歳まで比叡山《ひえいざん》で修行されました。それはまさに釈尊のなさった難行苦行に匹敵するだけの厳しいものだったと思います。

いまでも比叡山延暦寺《えんりゃくじ》では、千日回峰《せんにちかいほう》という修行が行われています。これはたいへん厳しい行で、最後の行は七日間一睡もせず、食事もとらず、水も飲まないで行を続けるというものです。そういうたいへんな荒行があります。そんなことをしなければ仏法のご縁をいただけないのか。そんな荒行がほんとうにできるのは、万人に一人くらいでしょう。いや、万人どころではない。一億人か二億人か三億人に一人ぐらいでしょう。そういう難しい行をしなければ、仏法の教えをいただくことができないということであれば、これは仏法の本旨に反する。こういうことで、親鸞聖人はすべての人が救われる道を求めて、比叡山を下りられた。そして法然上人《ほうねんしょうにん》の門を叩いて、念仏の教えに遇われたわけです。

では、念仏の教えとは何かというと、本願を信じ、念仏を申せば、かならず極楽浄土に往生することができるという教えです。

ところが、このごろは、この他力念仏《たりきねんぶつ》の意義を正しく受け止める人が少なくなってきてしまいました。難行道《なんぎょうどう》の修行ができない私たちのための易行《いぎょう》道《どう》、他力念仏の教えなのですが、このごろは自分の力に自信を持ち、自分の力だけで生きていこうとする人が増えたものですから、他力念仏という易行道の意義が正しく受けとめられなくなってしまったように思います。

他力に生かされている人間

私たちは、社会が豊かになるにつれて少々ゆとりができて、お金に不自由しなくなってきました。また、賢くなって、偉くなったように思う人も多くなってきました。そのように自分に自信を持って生きているために、人の世話にはならない。世の中の世話にはならない。これからも自分の力で生きていく。このように言う人が、だんだんと増えてきました。

けれども、自分の力で生きていけるという人は、ほんとうにそれで人生の最後までやり遂げられると考えておられるのでしょうか。

人間というのは、十人が十人、百人が百人とも、年をとるとみな足腰立たないようになるのです。どんな偉そうなことを言っても、どんな賢い人でも、どんな立派な人でも、かならず足腰立たないようになります。

私はいま、ある老人ホームの役員をしているのですが、京都の一流大学の教授が、われとわが身がわからなくなって、入っておられます。まあ俗に言う老人性痴呆です。そんな人もおいでになります。

また立派な政治家の中にも、われとわが身がわからなくなったような人がおられます。会社の社長さんも当然おられます。京都市の幹部で定年退職して、一年ぶらぶらしていて惚けた人もおられます。

人間というのは、みな年をとると、大なり小なり惚《ぼ》けていきます。物忘れ

がひどいというどころの騒ぎではない。われとわが身がわからなくなってしまうということにもなります。そうなると、大勢の人の手を借りて、介護、看病を受けなければ生きていけなくなってしまうのです。

そのように、人間というのは、自分一人の力では生きていけないのです。生まれたときも産婆《さんば》さんに助けてもらって産んでもらい、死ぬときも大勢の人の厄介《やっかい》にならなければ死ねないのです。つまり、自力では生きていけないということなのです。よくよく考えてみれば、私たちが考えている自力というのは自我のことなのです。自分が我を通しているだけのことです。自力ではない。自我なのです。私たちは、みんなそうなのです。

元気なときは自我、自我、自我です。私たちは自我を主張して生きているのです。しかし、自我で生きていけるはずがない。我で生きていけるはずがないのです。私たちは死ぬまでひとさまの力を借りなければ、世間の力を借りなければ、大自然の恵みをいただかなければ、今生を過ごさせていただくことができないのです。他力以外に私が一分一秒たりともこの世に置いていただけますか。生きていけると思いますか。

そのように、自分の力ではけっして生きていくことができないということを自覚させていただくことが、他力を知るということであり、「本願を信じ念仏申す」ということなのです。

これは、言葉を換えていえば、「おかげさま」ということを知ることです。生まれてきたときから死ぬときまで、多くの人びとのお世話になってきたということを、しみじみと心に感じるということなのです。

現代人は、自分に自信を持って生きるようになったために、あまりにも傲《ごう》慢《まん》になってしまいました。その傲慢と傲慢のぶつかり合いで、いよいよ厳しい争いをするようになってしまったのが現代人です。

その傲慢の心を離れるのが他力念仏の教えなのです。親鸞聖人《しんらんしょうにん》が二十年間の比叡山《ひえいざん》での修行で学ばれたことは、自分が傲慢であったという事実だったのです。そして、法然上人《ほうねんしょうにん》によって他力念仏の教えに出遇われ、傲慢の心を離れて、「おかげさまでした」と素直に頭を下げ、お礼を言っていかれたのです。この「おかげさま」と頭を下げていく心が他力念仏の心であり、「本願を信じ念仏申す」という心なのです。

空気が汚れている

自動車一台、樹木一本運動

このごろ都会の空気はだんだん汚れてきています。保育園や幼稚園などの小さい子どもに喘息《ぜんそく》の子が増えてきました。また、アレルギー体質の子どもも多くなってきています。これは、空気の汚れが最大の原因です。空気を汚している原因はいくらでもあります。クーラー、扇風機、冷蔵庫、みんな空気の汚れの原因になっています。自動車の排気ガスなどは、いちばんの原因です。

きょうも私、家を出るときに電話がかかってきました。これは市会議員の仕事ですけれども、家の近くのパチンコ屋が駐車場を作った。とても大きな駐車場で、三階建ての駐車場です。その騒音、振動、排気ガスで町内中が困っているのです。それをなんとかしてもらえませんかという話がきた。

それで、その現場へ行ってみたら、これはなるほどひどい。自動車が上へ上がるときにものすごくアクセル踏みますから、排気ガスが出ます。上へ行って止まった途端に、またブーブーとふかして止める。そんな状態なので町内中に排気ガスが蔓延《まんえん》するわけです。そのために、咳《せき》が出てしようがない。子どもが困っています、うちの年寄りが弱っています、ということになってしまいました。身近にそんな話があるのです。そんな話が日常茶飯にあるということは、それだけ空気の汚れが進んでいるということです。

私は、自動車一台、樹木一本という運動を展開していて、事あるごとに言っています。自動車を買ったら、かならず樹木一本、鉢植えでもいいから、いっしょに買ってくださいと呼びかけているのです。自動車の排気ガスを木が吸ってくれるのです。ですから車を一台買ったら、車のすぐそばに樹木を一本、鉢植えひとつでもいいから置いてください。これで空気を浄化していこうというのです。

京都大学の講師で伊佐先生という、植物の先生がおられました。その伊佐先生から、あなた、ぜひこのことを事あるごとに言って歩いてくださいと言われました。私は、そういうことが、自然と人間が共に生きていくためには必要なことだと思います。

私がいま乗っている車は、トヨタのプリウスという、ハイブリッドカーです。ハイブリッドカーというのは、ガソリンエンジンと電気モーターを併用して動きます。たとえば京都の河原町《かわらまち》の四条から三条までというような街中で、ちょっと車が混んだりしますと、全然エンジンがかからないで、電気モーターだけで走るのです。ですから、その間は排気ガスを出さないわけです。

そんな車ができています。ちょっと高額な車ですけれども、私はそんな車に乗って走っています。

やはり私たちは自分一人が生きているのではない。大自然の恵みによって生かされているのです。あたりまえだと思っていた大自然の恵みが、私たちを生かしているのです。そのことに気がつかないと、私たちは自分の勝手でどんどん環境を破壊してしまって、ついには住むことができないようにしてしまうのです。

おかげさまの心

きょうテレビで、枳殻邸《きこくてい》の池が濁って汚いからきれいにしようということで、納豆菌を水に溶かして流しているところが放送されていました。

私たちは水によって生かされています。ですから、水というものも大切にし、きれいにしていかなければなりません。

人間の体の九〇パーセント以上は水です。私は、自分の両親、自分の姉夫婦、そして先年は家内を亡くしました。自分の家族の中で、五人の死に巡り逢ったわけですが、その都度火葬場へ行って、火葬にするわけですけれども、これだけの体でも骨になったら、箱にコチョンと入るだけの大きさになってしまいます。残りはすべて水なのです。この私たちの体は、水が九〇パーセントを占めているのです。

ですから、その水を粗末にしてはいけないのです。水を大事にするということも、自然の恵みに感謝する姿でしょう。空気や水があるから、この私が生かされているだという、そういう喜びを私たちは持たなければならない。それが仏の教えです。

空気や水のおかげで私たちは生きさせていただいています。このおかげさ

まの心というのを、私たちはつねに忘れてはならない。そういうことをお念仏の教えは私たちに教えているのです。難しい話ではないのです。ありがとうございます、おかげさまでということです。「あなた、お元気ですか」と、そう聞かれて、「はあ、おかげさまで元気です」と、このように言っています。ところが、心がこもっていない。単なる挨拶で、合い言葉で言っている。
合い言葉ではいけないのです。おかげさまというような言葉は、合い言葉

で使うような言葉ではないのです。仏法を聞かせていただいたならば、私がここに生かせていただいているのは、あなたのおかげですということがわかる。ほんとうに心の奥底から頭を下げて、おかげさまでございますと言えるようになる。こういう身にさせていただくということが、お念仏の教えを聞かせていただいたということなのです。

ですから、どうぞ、おかげさまという思いを忘れずに、日常生活を歩んでいただきたい。これがすなわち絶対他力ということなのです。

夫婦の心を一つにして

楽になった女性の仕事

新聞を見ていたら、女性に対して「もう一度この世に生まれることがあったら、女がいいか男がいいか」というアンケートをしたという記事が載ってました。その結果を見ると、以前は男に生まれたいという人が圧倒的に多かったのですが、今回のアンケートでは、女に生まれたいという人が六〇数パーセントあったのです。男に生まれたいという人は、二〇パーセントくらいしかないのだそうです。私は、それを見て、男の値打ちが下がったなと思いました。

昔は男に生まれたいという女の人が多かったことは事実です。いまは女性に再度生まれることを望むようになった。どうしてかというと、楽しみが多いからだというのです。女の人のほうが楽しみが多いというのです。昔は男が人生を楽しんだ。ところがいまは、女の人のほうが楽しみが多くなったから、女性に生まれたいのだということです。

たしかにそうです。私は、いろいろな仕事の関係で、ホテルで食事をしたり、会合をしたりすることがよくあります。それでよく知っているのですが、十一時半から十二時の間、一流のホテルのロビーは女の人で満員です。何をしに来ているのかといったら、ランチ・タイムだということです。いまの世の中、ほんとうにけっこうなことになりました。

昔の女の人は、こんな楽なことはなかった。だから男に生まれたいと思った。ついこの間までそうだったと思います。それが、この二十年の間に、女性にもういっぺん生まれたいということになったのです。

なぜかというと、女の人の仕事というのがだんだん楽になってきたからです。ご飯を炊くのも、洗濯するのも、掃除するのも、楽になりました。ご飯を炊くときには炊飯器のスイッチを入れればいいだけです。ポンと押したら、寝ていても勝手に炊けるのです。

昔は早く起きて、薪を割って、おくどさんにくべて、初めちょろちょろ、中パッパ、赤子泣いても蓋取るなといって、一時間ぐらいかかってご飯を炊いたのです。ところがいまは、なんの雑作も要らない。ほんとうに楽になりました。

掃除も、このごろではリモコンの掃除機までできています。長い柄なんか要らないのです。座ってテレビを見ながらボタンを押して、ある程度方向を決めておけば、部屋中を回って掃除してくれるのです。そんなロボットのようなものができたのです。こんなけっこうな時代になった。

洗濯も、昔は洗濯板で洗濯をしていました。いまの二十代、三十代の人に聞いても、洗濯板を知っている人はほとんどいないでしょう。最近は便利な洗濯機ができています。パッパと脱いで、ごみ箱みたいに、脱いでポイ、脱いでポイと入れて、そしてボタンを押せば、勝手にグニャグニャ回って、そして乾燥して出てくるのです。なにもする必要がない。あとは畳むぐらいのものだけれども、このごろは畳む機械もできているということです。

これまでは女性の仕事であったものが、今日ではたいへん楽にできるようになった。これは科学の発達のおかげです。

いちばん身近な他力

それとは別のことですが、このごろ男が弱くなりました。いま私の保育園、幼稚園に勤めている二十代の職員は、全員女性です。女性が男性を選ぶ時代になりました。男性が女性を選ぶ時代は終わりました。最近の二十代は、みんな男性が選ばれているのです。そういう時代になりました。

ですから、現代は女性の時代です。女の人は強くなりました。ほんとうにつくづくと、私は身に沁みて感じています。私は、どちらかというと恐妻家でした。家内が非常に強い女性で、私はずっと尻に敷かれて生きてきました。ところが、尻に敷かれることに慣れたために、家内が亡くなると、なにか奥歯の歯が抜けたような気持ちになって、「いてくれたらよかったのにな」と思っている昨今です。

私たちは、そういうふうにお互いに女も男も、それぞれの役割りを果たしながら助け合っているのでしょう。ですから、いちばん身近な他力は妻であり、いちばん身近な他力は夫なのです。これを忘れてはいけません。「俺がいるからお前がいるのだ」などとは、冗談でも言ってはいけません。そんなもったいないこと、男性は言ってはいけません。「あなたがいてくれるから、私がいられるのや」、妻もそう言わなければいけない。お互いにそういうふうに認め合い、助け合っていくという、そういうことがたいへん重要なことでしょう。

聞法できる喜び

信心とは喜び

この私自身の信不信をたずねるということが、報恩講《ほうおんこう》を勤めさせていただく大切な意義です。私はほんとうにご信心をいただいているのだろうか。それとも、まだまだもうひとつよくわからないのか。いや、もっと言うならば、ご信心なんて自分たちの生活や仕事に必要なのかどうかよくわからないという人もおられるかもしれません。

ご先祖さまからご本尊をお預かりして、お仏壇にお飾りをして、家の宗教、ご先祖の宗教ということだけで受け継いでおられることも、悪いとは言いません。けれども、自分自身がご先祖からご相続をいただいた浄土真宗《じょうどしんしゅう》の教えを、ほんとうに聞いて、よかったな、うれしいな、ありがたいなと、そういう思いを持っていただくということが、お経をいただくことでしょう。信心をいただくということは、喜びを感じるということなのです。仏法を聞いて喜びを感じるというのが、ほんとうに仏法を聞いたということなのです。歓喜《かんぎ》と信心《しんじん》は同じなのです。信心とは喜びです。信心というのはなんですかと、よく尋ねられることがありますが、信心というのは喜びなのです。

報恩講を勤めるというのは、自らの信不信《しんふしん》をたずねること。ですから、せっかくご縁を頂戴《ちょうだい》して、ご開山親鸞聖人《かいさんしんらんしょうにん》の報恩講《ほうおんこう》に参っていただいた以上は、喜んでもらわなければいけないのです。

みなさんは、自分の顔を一日に何回となく鏡で見られると思います。年をとっても若くても、毎日鏡で自分の顔を見ます。きょうこの集まりがあるからといって、そのまま出てきたというような人は一人もいないでしょう。髪を整えて、「ああ白髪が増えたな、ちょっと染めようか」と思う。どう見てもシワがどんどん増えているので、「このシワがなんとかならんやろうか」とも思う。

顔に表れる幸せ

女の人は、だいたい二十五歳を過ぎたら、もう肌が衰え始めるのだそうです。目元にカラスの足跡が一つ増え、二つ増え、三つ増えということになっていく。女性は二十五歳を過ぎると、みんなそのようになります。そういうふうに体というものができているのです。

男性も頭が薄くなっていく。二十五歳以後から薄くなるのです。よく若ハゲと言います。私は、かろうじて少しあって、後ろを向いたらちょっと見えますので、できるだけ頭を深く下げないようにしています。そして、きょうもきのうより頭が薄くなっているのではないだろうかと心配しているのです。

しかし、人間というものは、若さを保つためにはおしゃれを忘れてはいけません。みなさんもおしゃれを忘れてはいけません。おしゃれを忘れないというのが、若さを保つ最大の秘訣です。シワは仕方がない。白髪は仕方がない。けれども、心がほんとうにわくわくとして、ホッと歓喜、喜びを持った生活をしますと、その喜びが顔へ表れてくるのです。だから易者さんが、私たちの顔を見ただけで、幸せか不幸かをあてることができるのです。

当たるも八卦《はっけ》、当たらぬも八卦、嘘も方便《ほうべん》といって、易者《えきしゃ》さんがあちこちにたくさんおられます。このごろよく流行っているのです。京都へ行きますと、たいへん流行っている。机の上に蝋燭一本立てて、寒いなか街角で易を見ているのですが、そこに行列ができている。このごろは、ホテルの中でもやっています。それほど易が流行っている。

迷いをはらす信心の喜び

それも、若い人ばかりが見てもらっています。人間の迷いとか願いとか悩みというのは、年齢に関係ないのです。いまでは若い人が、自分が生きていることに対する願いとか迷い、そういうのを見てもらいたいと行列を作っているのです。当たるも八卦、当たらぬも八卦といわれるのですが、そういうものに頼っている若い人がたくさんいるのです。

だから、みなさんがたの息子さんや娘さんが街へ出ておられる場合、嫁いでおられる場合も含めて、仕事に出て、「おまえ、このごろ迷ってないか」「おまえ、このごろなにか悩みはないか」と、こうひと言声をかけてあげてほしいと思います。「なに言うてるの、お母ちゃん」、「なに言うてるの、おばあちゃん」、「私らちょっとも迷うてへん」「元気に生活しているよ」「仕事

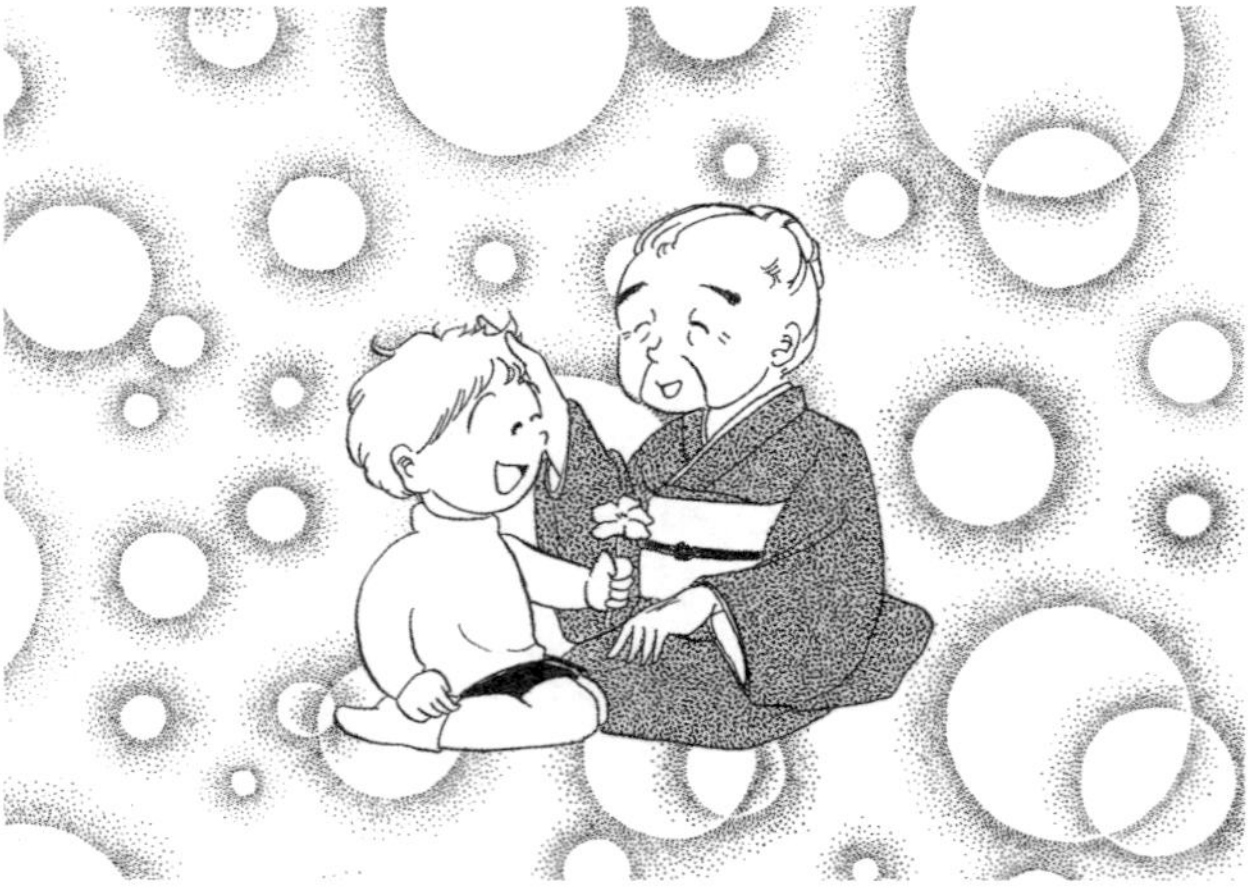

している よ」と、そういうことをいつも尋ねてあげることが親子のきずな、家族のきずなをしっかりと結んでいくことなのです。

ほんとうに迷っている人がたくさんいます。そういう人たちに真心を込めて、そういうふうに尋ねてあげてほしいと思います。そういう心がたいへん大切であると思うのです。

そして、もし迷っている、悩んでいるという人がいたら、いっしょに聞法していただいて、信心歓喜《しんじんかんぎ》の喜びの心を聞いていただきたいのです。当たるも八卦、当たらぬも八卦というような頼りないものにすがるのではなく、真実の教えに出遇って、喜びの心を開いていただきたいのです。そのためにも、自身の信不信をまず尋ねていただかなくてはなりません。

笑顔で縦ジワをなくす

ところで、またシワの話ですが、シワの中でも、縦皺《たてじわ》はあまりよくないのです。横皺《よこじわ》はよいのですが、縦皺はよくない。縦皺が目立ってきたときは、かならず心に大きな迷いが生じているときです。心に迷いが生じているときは、かならず顔をしかめます。笑顔がなくなります。笑顔がなくなって、顔をだんだんしかめて、顔の真ん中に縦皺が目立ってくるのです。

ですから、こうして聞法の場に参らせていただいたら、縦皺が心配な人は、どうぞお話をよく聞いてもらって、横皺だけ残しましょう。横皺だけを残すと、縦皺が消える。それは、ニコニコとした生活をさせていただくということです。歓喜《かんぎ》の生活をさせていただくと、横皺だけになって縦皺が消えていくのです。喜びの生活をさせていただくということが、顔のシワをなくす秘訣なのです。難しいことではない。高い化粧品を買わなくてもいいのです。

最近、通信販売やテレビショッピングで高い化粧品を買っている人は、六十歳代の人が多いということです。なぜかというと、なんだかんだといっても、実はお金を持っているのです。六十歳以上の人がいちばん金持ちなのです。ところがお金の使い道がないのです。そこでテレビを見て、シワが伸びる、色が白くなるといわれて、自分もそうなりたいということで、どんどん買っておられるのです。

化粧品を買うかわりにお賽銭を

そんなことをするよりも、心を美しく、心に喜びを、安らぎを持たせていくことのほうが、ずっといい。そうすれば、そんな化粧品は要りません。六千円も一万円も使って、効果があるかどうかわからないようなクリームを買うくらいならば、お賽銭《さいせん》を入れておいてください。ここにお賽銭を入れたら、どれくらいきれいになるかわかりません。ほんとうですよ。ほんとうにきれいになろうと思ったら、化粧品を買ったつもりで、ここへポンとお賽銭を入れてください。そして、ニコニコとした生活のできるわが身をいただいて帰っていただきたい。

信心は喜びです。みなさん、信心で喜ばせていただいていますか。信心を喜んでいただいていますか。お念仏を申し上げることが歓喜なのです。喜びなのです。南無阿弥陀仏、お念仏をいただくことが喜びなのです。

信心は安心なりともいわれます。だから信心をいただくということは、安らぎをいただくことです。ですから、お寺に参ったら、安らぎをいただいて帰ってもらいたい。ここへ来て、イライラしていてはいけません。安らぎをもらって帰ってください。

タクシーの運転手さん

きょう私は、小松の駅からタクシーでここへ来ました。タクシーの運転手さんに、根上《ねあがり》のこういうお寺へ行きますと言ったら、小松の人でよく知っておられたのです。そして、

「ところで、あそこのお寺は何宗ですか」

と、そのタクシーの運転手さんが聞かれた。

「浄土真宗の大谷派のお寺です」

と言ったら、

「はあ、わしとこといっしょや。私のところは小松のお寺さんの門徒です」

と言う。そして続けて、

「私はよくわからないけれども、自分の親が一生懸命お念仏申して、喜んでこの世を去ってくれたから、お念仏をさせてもらったら喜んで生活ができるのだなと、こう思って、お念仏の教えそのものはあまり知らないけれども、ナンマンダブツ、南無阿弥陀仏ということを忘れずに、こうして仕事をさせてもらっています」

と言われました。

私は、この運転手さんこそまことの信心をいただく人だと思いました。自分の親から相続《そうぞく》させていただいたお念仏をいただいて、そしてなにもわからないけれども、仕事に精を出し、生活に精を出させていただいておりますと言われる。

その人は五十七、八歳の人です。そういって、私に話をして、

「ところで、あなたはお寺さんですか」

と、また尋ねられました。

「そうですよ、いまこのお寺で法話の集いがあるのです」

と答えますと、その人が、

「いいですね。そんなところでお話を聞くことのできる人というのは幸せですね」

と言っておられました。

「私は仕事があって、お話を聞きたいと思っても聞けないのです。聞くことのできる人というのは幸せですね」

と言っておられました。

みなさん、幸せと言われているのです。私が言っているのではありません。ここへ送ってくれたタクシーの運転手さんが言っているのです。みなさん幸せなのですよ。ひとさまから見れば、仏法を聞かせていただくお寺に参らせていただくということは、ほんとうに幸せだと、うらやんでいる人がたくさんいるのです。ここへ来ただけでも、みなさんは喜ばなければいけない。外側から見れば幸せなのです。そのような聞法できる幸せを心にいっぱい味わって、心に喜びをいっぱいにして帰ってください。

お浄土へ帰る幸せ

亡き人を偲ぶ

きょうは、亡くなられたかたがたの追弔会《ついちょうえ》をされました。追弔会というのは、亡き人を偲《しの》ぶためのものです。ご先祖さまを偲ぶ。先に逝《い》かれた人を、お浄土に参られた人を偲ぶというのが追弔会の心でしょう。

人間というのは、過去を思い、未来を願い、きょうを生きるものだといわれています。三世を一如にして生きていかなければ、ほんとうの幸せはないのだといわれています。そのうちの過去を偲ぶというのは、ご先祖さまを偲ぶということ。先にお浄土に参られた人のことを忘れない。追弔会というのはそういうことでしょう。私たちにお念仏の教えを相続していただいたかた

を偲び、「ようこそお念仏の教えをこの私たちに伝えてくださった。ありがとうございます。ありがとうございます」と、お礼を申し上げるのが追弔会なのです。

いやな話ですけれども、人間というのはかならず死にます。私も死にます。みんな死にます。ずっと生きてはいけないのです。

中には、百五十歳とか二百歳まで生きたいという人がいますが、そんなに長生きすると、頭が惚けてしまうかもしれません。われとわが身がわからなくなる。子どもも孫もわからないようになってしまうかもしれません。惚けて、ふらふら歩き回るようになると、たいへんです。頭だけ惚けて、身も惚けてくれたらいいけれども、身はしゃんとしていて、頭だけ惚ける。こんなやりにくいものはありません。徘徊して、うろうろするようになるわけです。

この間も八十五歳のおばあさんがうちの寺へ来られた。惚けているということを知っていたのですが、大きな旅行カバンを持ってこられたのです。そして、

「ご院《いん》さん、きょうはどこへ旅行に行きましょう」

と言いだすのです。

「ちょっと待って、わしとあんたと旅行に行くような約束はしていない」

といくら言っても、

「そんなはずはない」

といって聞かない。そういう元気なところがあるのです。その人は、お寺へ来るだけ、まだすこしましです。どこへわが身が行くかわからないとなると、たいへんです。

死ぬまで生きたいと願う心

このごろ便利のいいものができてきました。携帯電話を持って歩くのです。携帯電話の中には、うちのおばあちゃんはいまどこにいるかということがちゃんとわかるようにセットができる携帯電話があるのです。それを持っていれば、うろうろしていても、その息子さんなり家族の人が携帯電話で調べれば、「あ、おばあちゃん、あのへんにウロウロしているから迎えに行こう」ということができる。こういう便利なものが出てきました。しかし、携帯電話を持って歩いていたら、落とすかもしれない。それで、服に縫い付けるのがあるのです。しかし、服は脱いだりすることがあるからと、下着につける。下着まで脱いでしまう人はいないからです。パンツのゴムのところに小さいものを縫い付けて、それが発信機になって、どこを歩いているのかわかるようになっているのです。そんな機械が、最近ではずいぶん普及してきました。百五十歳とか二百歳まで生きるということになると、そんな発信機のお世話にならなければならなくなるかもしれません。

それはそれとして、やっぱり私たちは死にたくないと思っています。百歳まで生きたい、二百歳までも生きたいと思う。死ぬまで生きたいと思うのです。みんなそうです。かならず死ぬまで生きたいのです。簡単なことです。みなそう思っているのです。けれども、みんな死にます。同じことでも、みな死にます。いやでしょう。恐いでしょう。死んでもいいわと言う人は、いらっしゃいますか。「はあ、いつ死んでもいいわ」と、言葉では言います。もうここまで長生きさせていただいたのだから、いつ死んでも、もう私は満足だ。そんなことを言いますけれども、そういう人が地震がきたら、いちばんに飛び出るのです。

死にたくない、死にたくないのです。けれども死にます。生死常業《しょうじじょうごう》なりと、仏法は教えています。生死は常業だ、生きるも死ぬも当たり前のことなのです。

けれども、私たちはもっと生きたい。もっと生きたいと思うのです。これは人間の性です。どうにもならない性なのです。仏法はわかっていながらも、生きたい、生き続けたいと思う。

妻の最後の言葉

昨年私の家内が亡くなりました。三か月の患いで、気がついたときには体中に癌が転移していました。女の人というのは辛抱強いなと思いました。

「しんどいから、ちょっと病院へ行くわ」

といって、病院へ行ったら、

「入院してください」

ということになりました。それで精密検査をして、一週間たって、

「ちょっと来ていただけませんか」

と、お医者さんに私が呼ばれました。それでお医者さんから、

「あと三か月の命です」

と言われて、びっくりしたわけです。

人間というものは、なんでもない思いでいっしょに生きてきた。べつにい

てもいなくてもいいわと、うちの家内は私のことを思っていただろうし、どこか適当に元気に仕事をしてくれたらいいわという思いを持ってくれていただろうと思います。

私も、まあまあいっしょにいたら、それでいいわ。便利もいいことだしと、こう思っておりました。けれども、三か月と言われたときには、ほんとうに死というものが具体的に目の前にハッと出てきた。死というものが現実味を帯びてきたわけです。

家内は肺癌で、末期の状態になってくると、だんだんと意識が朦朧《もうろう》としてくる。そんな中で、「生きたい、生きたい」、「帰りたい、帰りたい」、こういうことを言い続けていました。意識がない、朦朧としているときでも、小さな声で言いました。これが人間のほんとうの姿だなと私は思いました。

いかに賢くても、いかに財産があっても、やはりそういう状態になったときは、ベッドの中で身動きはできなくても、口が動きますから、本音が出てくる。きれいごとで、もうここまで生きたのだからいつ死んでも大丈夫だと言う人がいるかもしれませんが、本音ではそんなことはありません。だれもそんなことを思ってはいない。やはり生きたい、生きたい、帰りたい、帰りたい。これが私の家内が亡くなるときの最後の言葉でした。

私は、その姿を見て、「ああ、人間とはこれが本音の姿だな」と、こういうふうになにか家内から教えてもらったような気がしているわけです。

生死は常業なり

人間の知恵や才覚では、死ということを考えることができない。生きることしか考えることができないのが、この私だということです。生きることが当たり前で、死ぬことは逆さまごとだ。不吉なことだ。仏法では、そうは教えていない。生死は常業であるというのが仏教の教えです。

やがて私たちは、この世を去っていかなければならない。さあ、そのときにどこへ行くのでしょう。どこへ行くのかというと、元気な人は、「そんなもの、死んだらしまいやないか」と言う。焼いてもらって骨になって、墓の中に入れてもらったら、土になるだけだ。べつにどうということあるかと言う。

しかし、それは若いときに言える言葉で、死がほんとうに近づいてごらんなさい。そのときには、死んだらどうなるのだろうという気持ちが、どっと湧いてくるのです。

このごろ若い人でも、そういう不安感を持つ人がたいへん増えてきた。だからおかしな宗教に入っていくのです。

オウム真理教という団体がありましたが、あの教えは単純明快でした。オウム真理教に入れば、来世はかならず天国に行くことができる。これだけです。来世はかならず天国へ行くという教えを信じて、東大や京大や阪大というような最高府であるところの大学を卒業した人が入ったのです。死んだらかならず天国に行ける、このひと言でオウム真理教に入った。

宗教というのは恐いですね。おかしな宗教に入ったら、もう社会をめちゃくちゃにしてしまう。私たちは幸いにおかしな宗教でなくてよかったです。でも、人間はいつ何時、自分が困ったり、迷ったりしたら、おかしな宗教に引っかかるかもしれません。拝めば助かる、金が儲かるというのがよくあります。だから、しっかりした、間違いのない宗教をいただかなければいけないのです。

私たちの浄土真宗は、そんないいかげんなことはすこしも教えていない。お念仏を申せ。お念仏の教えをいただいて、日常生活を間違いなく歩ませていただいたら、かならずお浄土に帰ることができる。私たちはお浄土からこの世に出てきたのです。ですから、この世の寿命が終わったら、お浄土へ帰るのです。私たちお念仏の教えをいただいているものは、みんなお浄土へ帰ることができると教えられています。私たちは、お浄土へ帰らせていただくのです。

浄土に帰ることを疑う心のままで

しかし、そのことを信じられるかどうかが問題です。お念仏を申せばかならずお浄土に帰れるということを、ほんとうにみなさんが信じられるかどうか。ここがいちばん大きな問題です。いままでのお話は、信じられるかどうかと尋ねなかったのです。かならず死なば浄土だ。念仏すれば、死なば浄土だと、こう言って終わっていた。

ところが、いまの人はほんとうかどうかわからないと、ものすごく疑い深い人が多いのです。そんなことを言っているけれども、ほんとうにお浄土に帰れるのかどうかわからない。ほとんどの人がそう思うのです。みなさんも思っているでしょう。それは悪いとは言いません。それが、私のほんとうの心なのだということを知らせていただく。聞いても、聞いても疑心暗鬼、そんな中で私は生きているということを深く知ればいいのです。

そのように、深い疑いとともに生きていくのが人間であるということを深く知らせていただくのが、浄土真宗のご開山親鸞聖人《かいさんしんらんしょうにん》の教えなのです。聞いても、聞いても、言われても、言われても、導かれても、導かれても、ちょっともそれをほんとうに信じられない。それがこの私だ、凡夫だという。凡夫というのはそのことだ。それが私なのだ。これが私なのだということを知らせていただく、それが浄土真宗の教えなのです。

喜びにあふれた生活

感謝の心から出る喜び

生きるのだったら、やはり喜びのある生活をしましょう。

仏法を聞くということは、人生の方向を明らかにして、生きがいのある生活を送るためなのです。ですから、信心は喜びなのです。

仏法の喜びというのは、感謝の心から出てくる喜びです。きょうまで生きさせていただいたのは、世間さまのおかげです。お隣さんのおかげです。大自然のおかげですと、おかげさまの心がほんとうに心の奥底から出てこないことには、ほんとうの喜びにはなりません。

浄土真宗の教えは本願他力です。これは絶対他力という言葉でも表現されています。

では本願とはなにかというと、それは仏さまの願いです。本願とは仏さまの願い。仏さまが願ってくださっている。仏さまの教えを聞くことによって、「あ、そうだった。私は他力以外に生きさせていただける身ではなかったのだ」と気づかせていただく。ここではじめて、ありがたい、もったいない、おかげさまという気持ちが起こってくる。南無阿弥陀仏、おかげさまよ。報恩謝徳なのです。それ以外のなにものでもない。

心の奥底から南無阿弥陀仏と申し上げることができるのは、「おかげさまで、きょうまで生き長らえさせていただいた。好きなことを言い、わがままなことを言いながらも、なおこうして生きさせていただいた。おかげさまです。ナンマンダブツ」、感謝の念仏。念仏は感謝。南無阿弥陀仏は喜びなのです。

自分の力を過信する心

ところが、どうかすると私たちは、私は自分の力で生きてきているのだ。人さまの世話になんか、なんにもなっていないと思い上がることがあるのです。こう思っておられる人が多いのではないですか。私も含めて、自分の力を過信しているのです。

自分の力では、ほんとうはどうやっても幸せになれるはずがないのです。やはり私たちは大自然の恵み、人さまのおかげ、これでもって生かされている身なのです。そのことに気づけといわれるのが仏さまの教え、本願なのです。

私たちは、本願がなくては気づくことができない。仏さまの教えをいただかなければ、私は他力によって生かされている身であるという、ナンマンダブッ、喜びのお念仏が出てこないのです。仏さまの仰せによって、はじめて「あ、そうだった」と気づかせていただき、他力を喜ぶことができるようになるのです。そこが大切なところです。

ところがまた、自分の力を過信する心が起きてきて、他力の大切さをすぐに忘れてしまう。だからこそ聞かせてもらわなければいけない。だからこそ聞かせてもらうのです。

私たちは、おかげさまの心をすぐに忘れてしまうので、仏の教えを聞かせていただくのですが、その聞くということも自分の力でできることではないのです。私たちは自分の力では生きていくことはできないのです。だから、いつも仏さまがついてくださっているのです。

私たちは、仏さまの教えを求める身ではない。仏さまが私たちを求めてくださっている。だから本願というのです。仏さまが私たちに呼びかけてくださって、なんとかして仏法を私たちに伝えようとしておられるのです。なんとしてでもあなたを幸せにしなければならない。なんとかしてあなたに喜びのある生活をしてもらいたい。そのように、仏さまが私たちのことを願ってくださっている。だから本願なのです。

私たちは、仏に願われているのです。私たちの側がいくら嫌っても、私たちの背中から、私たちの足元から近づいてくださっている。それが念仏の教えなのです。

そのように、阿弥陀仏は、いつも私たちを見守り呼びかけ導き続けていてくださるのです。だから、阿弥陀仏のことを親さまと言ってきたのです。私たちのご本尊である阿弥陀仏は親さまだと、よく聞いたでしょう。親というのは、いくつになっても子どもがかわいい。ばかな子どもほどかわいいものです。ほんとうにでき損ないの子どもほどかわいいものはない。親はどこまでも子どもがかわいくて、かわいくて、他人からなんと言われようが、かわいくて仕方がない。

親の心を忘れた現代

最近は、そのようにどこまでもかわいいという親がなくなってきた。なんとしてでもこの自分が産んだ子どもは、自分の責任でしっかり育てていかなければならないという、そういう義務感、そういう思いがだんだんなくなってきた。大変なことです。

新聞やテレビ、いろいろな雑誌には、子殺しのニュースがたくさん出ている。原因はなにかというと、自分が生きていくために邪魔になるから殺しているのです。恐ろしい世の中になりました。自分が幸せに生きていくために子どもが邪魔になるといって、子どもを殺すのです。そんな人間に、だれが育てたのか。そういう人間をだれが育てたのか。今生にこの私の身を通して誕生したことは、もう授かりものだ、いただきものだ、大事に育てていこうというのが、親の心です。

それが自分の都合のために殺してしまうというのは、大変なことです。こんな世の中だからこそ、もっともっと仏法を広めていかなければいけない。まことの心をしっかりとみんなに伝えていかなければならない。それはみなさんのお役です。私たちの役です。

『教行信証《きょうぎょうしんしょう》』「化身土巻《けしんどかん》」末に、次のように説かれています。

前《さき》に生まれん者は後《のち》を導き、後《のち》に生まれん者は前《ひと》を訪《さきとぶら》え、連続無窮《れんぞくむぐう》にして、願わくは休止《くし》せざらしめんと欲《ほっ》す。

これは道綽禅師《どうしゃくぜんじ》の書かれた『安楽集《あんらくしゅう》』の中にある言葉で、大まかな意味は、前に生まれた者は後輩を指導し、後に生まれた者は先輩の跡をたどるようにして仏法が永遠に伝えられていくことを願うということです。

ですから、私たちは念仏の教えを若い人びとに教えなければいけないという務めがあるのです。わが子を殺すような親にしてはいけない、子どもを慈しんで、共に幸せに包まれるような親子を、私たちが念仏の心を伝え広めることで実現していかなければならないのです。

親は先に生まれているのです。子どもから後に親ができるはずがない。先に生まれたものは、自分たちの子どもをしっかりと導いていかなければいけない。しっかりと育てていかなければならない。それが人の道、人間として生きる道だと、ちゃんと仰せをいただいています。そういう教えをしっかりといただけば、そういうことをしっかり聞いている人がいれば、絶対に子殺しはなくなります。親殺しもなくなります。

念仏者の務め

人間は勝手ですね。私は保育園の園長もしているのですが、やはり児童虐待をする人がいます。しつけということと、子どもを殴るということとは全然違う。しつけのためとよく言いますが、ほんとうは自分の言うことを聞かないから、子どもを叩いたり蹴ったりするのです。蹴りすぎて、叩きすぎて、死んでしまっている。恐いですね。そういう世の中であるからこそ、本願他《ほんがんた》力《りき》の教えをもっと広く伝えていかなければならないのです。

いまの世の中だからこそ、本願他力の浄土真宗の教えが必要なのです。ところが、お念仏の教えに遇いながら、「もう私たちは年をとったから引退して、すべてを若い人に任せよう」と言う人がいます。それは、冗談ではない。みなさんは、死ぬまで親ですから、後に生まれた人間をちゃんと導いていく義務がある。それがみなさんの仕事です。

仏の教えに出遇って、おかげさまと感謝する心をいただいたならば、それを生涯かけて若い人に伝え続けていかなければならないのです。それが念仏者の務めです。

幼い子どもが親に殺される。なんと悲しいことでしょう。私はいつもそういうテレビを見ると、ほんとうに涙が出てくる。悲しいな。まだ私たちは至らないのだな。まだまだ私は至らないのだな。そういう人がこの世の中にいるということは、私が至らないのだということです。深く深く、私は悲しいという思いとともに、反省をしているのです。

仏法では、それを懺悔《さんげ》といいます。懺悔の心によって、他人ごとではない。わが身の問題としてとらえさせていただくことができるようになる。そのような懺悔の心を頂戴しているというのが、ご信心の姿です。

そのような心は、教えてもらわなければ、自分の力では気がつくことができません。教えてもらわなければ気がつかない、導いてもらわなければ、この私が気がつかない。だから聞きなさい、尋ねなさいと言われるのです。

本願他力ということをもういっぺん思い出して、私たちは他力以外に生きる道はないということをもういっぺん思い起こしていただきたい。

ところが、私たちは何回聞いても、すぐに忘れてしまうのです。導いていただいても、導いていただいても、またすぐに元に戻ってしまうような、頑固な私です。そのことを私たちは気づかせていただく。それが、ほんとうに信心をいただく身であるということ、そこに気づかせていただかなければならないのです。自分一人で自分のことがわかれば、だれも苦労しません。だから聞き続け、聞き続けていかなければならないのです。

生かされている他力の世界

日本の年金制度

日本の年金制度というのは、お互いの助け合いによって成り立っている、いうならば相互扶助の制度なのです。ですから、自分が毎月払った掛け金だから、もらうのが当たり前というわけにはいかない制度なのです。

いまのお年寄りに支払われている年金は、実は若い世代が現在支払っている年金から出ているのです。ですから、若い人たちが年金を払わないようになると、たちまちお年寄りに年金が支払えなくなってしまいます。ですから、日本の年金制度は、お互いの助け合いで成り立っている、相互扶助的な制度だといわれるのです。つまり、年金というのも「おかげさま」の世界であっ

て、けっして自分の力で成り立っているわけではないのです。だから、これもやっぱり他力なのです。

年金を納めてくれる若い人がいなかったら、年金制度はたちまちつぶれてしまう。それなのに、いま日本では子どもがだんだん減ってきているのです。将来おとなになって、年金や税金を納めてくれる子どもの数がどんどん減ってきている。このままでいくと、将来年金制度が維持できないといわれています。

六十歳以上の人は大丈夫です。死ぬまではだいたいもらえそうです。いままでの掛け金で、たまっているお金が百四十五兆円あります。それを潰していっても、六十歳以上の人の年金は大丈夫です。

けれども、これからの若い人は、年金は半分くらいしかもらえなくなるかもしれない。いま三十代、四十代の人が、六十代になって年金をもらうようになったときは、いまの人がもらっている半分ももらえなくなります。年金を掛けてくれる若い人がいなくなるからです。働く人間が少なくなるのだから、これはどうしようもない。

若い人が子どもを産まない

では、なぜ日本の子どもの数が減ってきているのかというと、若い人が子どもを産みたくないと考えるようになったからです。どうして産みたくないかというと、一番には子育てをしたくないということです。その次にあるのが、子どもを育てるのにお金がかかるから、たくさんの子どもを産むことはできないということで、だんだんと子どもの数が減ってきているのです。

このごろの若い人は、子どもを育てることよりも、自分が遊ぶことのほうを重視する傾向があります。たしかに、子どもを育てるというのはたいへんなことです。子どもを産んだら、三年間は自由が利かない。子どもがよちよち歩きするまでは、一生懸命にお乳をやったり、おむつを替えたり、おんぶをしたりしなければなりません。ですから、やはり三年間ぐらいは子育てに専念しなければならない。その間は、自分の化粧をするのも忘れたり、自分のおしゃれするのも忘れて、子育てをしていく。いままでの母親はそうでした。

ところが、いまはそういう気持ちを持っている母親が少なくなってきたのです。子育てに一生懸命になるよりも、自分がいつまでも若々しく、娘みたいな顔をして遊びたい。そういう気持ちが多い人ほど、子どもを産まないのです。

子どもを産まない第二の理由は、教育費が高いからということです。子どもを教育するのには、たしかにお金がかかります。もし大学まで卒業させようとすると、そうとうのお金が必要になりますから、三人も四人も子どもを産むことはできないというわけです。だから、子どもを一人だけ産んで、その子どもを大切に育て上げるということを考える人が増えてきた。

しかし、夫婦二人で一人の子どもしか産まないことが続けば、日本の人口は激減してしまいます。やはり、三人産むのが当たり前というくらいでないと、人口は維持されない。

だいたい、このごろは子どもの教育にお金をかけすぎるのです。お金をかければ優秀な子どもに育つかというと、けっしてそんなことはありません。それよりもむしろ、一生懸命に働く親の姿を見て育った子どものほうが優秀な子どもになるのです。一生懸命働いている両親の姿を見て育てば、子どもも一生懸命働かなければいけないと思うようになります。あれだけ一生懸命働いて、両親は私を育ててくれているのだな。そういう親の姿を子どもが見て、自分がアルバイトをしてでも、自分が働いてでも、勉強したい人間は一生懸命勉強します。それがほんとうに社会に役立つ人になるのです。

小学校や中学校の勉強だけでは足りないから、塾、塾、塾といって必死になって勉強させている親がいますが、そんなことをするからお金がかかるのです。賢い子は、親が一生懸命働いている姿を見たほうが、塾へ行くより、はるかによく勉強してくれる。だから、本来的には子育てにはそれほどお金はかからないのです。

貧しい中でも子どもは育つ

私は、四十年以上子どもの保育教育に携わってきている身です。いろいろな人を見てきました。昔は、いまよりも貧しい中で子どもを育てていました。終戦の年、私は小学校の三年生でした。その時分はどうだったかというと、世の中どさくさで、街中で生まれた人間は食べるものがなかったのです。おやつもなにもありません。おやつといったら、母親がどこかから手に入れてきた、豆粕といって、大豆の搾りカスを炒って、それをおやつにしてくれた。それでも子どもはたくさんいた。そんな貧しい生活をしていても、子どもはたくさんいました。

私は、小さいとき、兄弟が欲しかった。いちばん上に姉がいたけれども、親子ほど年が離れていましたから、年の近い兄弟が欲しかった。ですから、なぜうちの母親は子どもを産まないのだろうと、ずっと思っていました。向かいのお母さんは、いつでもおなかが大きかった。ですから、おなかが大きい人が母親だと、私はずっと思っていました。昔はそれほど多くの子どもを産んで、四人、五人の兄弟が当たり前だったのです。

その当時から思えば、現代はとても豊かになりました。いまは、三度の飯に事欠くような社会ではありません。生活保護法という法律があって、最低の生活は保障されています。

昔はそんな法律はなかったのです。それでも、子どもをたくさん産んで、育ててきたのです。そしてその子どもたちが、だんだん大きくなって、働いて、そして今日の日本を、世界が驚くほどの豊かな国にしていったのです。

ところが、いまの若い人たちは、自分の生活を守ること、楽しい生活を続けることを優先して、子どもを産み育てようという気持ちをなくしてしまったのです。そのために、日本の国は人口が減り、だんだんと力を弱めていくようなことになっているのです。

おかげさまの他力の世界

いま地方では町村合併ということが進められています。これも、それぞれの町や村だけでは健全な運営ができなくなってきたので、合併して立て直しを図ろうとするものです。

また地方自治体と国との関係を抜本的に見直して、活力のある国にしていこうという改革も行われようとしています。このように、みんなが一つになって、世の中をなんとか立て直していこうと、それぞれの立場へのこだわりを捨てて、力を合わせて一生懸命に努力をし始めたところです。

このように、社会というのも、自分一人の力ではどうにもならない。お互いが力を合わせて助け合っていかなければ、どうにもならないのです。その意味でいえば、この社会に生かさせてもらっているというのも、「おかげさま」であり、他力の世界なのです。

一人の力ではどうにもならない。どうにもならないから、より多くの人と、協力をして、そして世の中をよくしていこう、幸せになっていこうとするのでしょう。他力の教えを聞いていたら、それがスッと素直に頭に入ってくる。仏さまの教えをいただけば、町村合併しなくてもいいのです。自分たちの家族や自分たちの近所のみなさんや親戚や縁者や友だちがお互いに認め合い、助け合って、生きていくことが幸せのもとです。そのように教えてくださるのが、仏さまの教え、本願です。

絶対他力の教え、他力があってこそ、この私は生かさせていただいているのです。おかげさまでございます、ありがとうございます、もったいのうございます、南無阿弥陀仏。お念仏というのは、そういうことです。南無阿弥陀仏は、おかげさま、もったいないという心です。

念仏をいただいている身は、おかげさま、もったいない、ありがたいの気持ちが、日々の生活や仕事の中で、心の奥底から盛り上がって、その言葉が、それが仏さまの名前になって、南無阿弥陀仏になって出てくるのです。

みなさん、腹の底から南無阿弥陀仏、おかげさま、ありがたい、もったいないと言わせていただきましょう。南無阿弥陀仏と、お念仏を声高らかに称えさせていただくことこそ喜びです。お寺に参ったとき、あるいは自分の家のご本尊、お内仏、お仏壇に向かって、お念仏を申し上げる。腹いっぱい、胸いっぱいの喜び、ニコニコとした心で、またニコニコとした心が湧き出てきます。大きな声でお念仏を申しましょう。ナンマンダブツ、ナンマンダブツと念仏を申せば、心に喜びが出てくるのです。

あとがき

世の中から、だんだんとゆとりや潤いが無くなっていくような気がします。仕事がら、色々な問題に直面することも多いのですが、そんなときにいつも感じることは、お互いが自分の立場や思いを主張するだけで、相手の立場を思いやることが、本当に少ないということです。

そのような場面に出会うたびに、「おかげさま」と我が身を省みることの大切さを思うのです。そして事実、自分の思いとともに、相手の思いに耳を傾ける姿勢を持っただけで、解決の糸口が見えてくることが多くあるのです。

『本願他力よもやま話』は、日々の生活の中で、その時々に新鮮に感じた思いを集めたものです。法藏館の西村七兵衛社長から、「日常生活の中で語られる他力念仏の教えこそが求められている」というたび重なるお勧めによって出版されることとなりました。

本書を機縁として、一人でも多くの人が、心にゆとりや潤いを持っていただくことができれば、望外の喜びです。

平成一七年二月一〇日

椋田知雄

椋田　知雄（むくだ　ともお）
昭和12年、京都市生まれ。
昭和32年、大谷大学在学中に真宗大谷派京都教区光徳寺住職。
昭和36年、社会福祉法人無量寿会理事長。共栄保育園長。
昭和50年、京都市会議員。現在８期目を務める。
昭和56年、真宗大谷派宗議会議員。
平成８年、大谷婦人会専務理事・大谷保育園長。現在に至る。

生臭坊主の
本願他力よもやま話

二〇〇五年四月一日　初版第一刷発行

著　者　椋田知雄
発行者　西村七兵衛
発行所　株式会社　法藏館
京都市下京区正面通烏丸東入
郵便番号　六〇〇-八一五三
電話　〇七五-三四三-〇〇三〇（編集）
〇七五-三四三-五六五六（営業）

印刷　リコーアート・製本　清水製本

ⓒ T. Mukuda 2005 *Printed in Japan*
ISBN 4-8318-8929-6 C0015
乱丁・落丁の場合はお取り替え致します

後生の一大事　宮城　顗著　一、〇〇〇円

何のために人間に生まれたのか　長久寺徳瑞著　一、五〇〇円

イスラームのこころ　真宗のこころ　狐野利久著　一、八〇〇円

わが信心　わが仏道　西光義敞著　二、〇〇〇円

いのちの大地に樹つ　現代真宗入門講座　谷川理宣著　二、四〇〇円

大谷義博のいきいき法話　大谷義博著　一、四〇〇円

転依　迷いより目覚めへ　菅原信隆著　三、六〇〇円

法　藏　館　　価格税別